監修
東京フィルハーモニー交響楽団

楽しい オーケストラ 図鑑

小学館

はじめに

オーケストラの音楽は古くて難しい、そんな印象があるかもしれません。

でも、じつはオーケストラの音楽は、毎日の生活の中にあふれています。

また、映画やゲームなどでは、新たなオーケストラ音楽が次つぎに生まれていて、

気がつかないうちに私たちを楽しませてくれています。

この本では、楽器や演奏者、コンサートの裏側まで、

オーケストラの世界をたくさんしょうかいします。

オーケストラが、もっと身近に感じられるでしょう。

楽しい
オーケストラ図鑑
もくじ

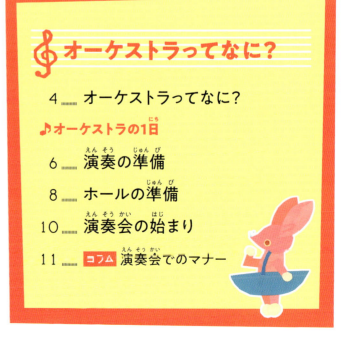

オーケストラってなに？

- 4 ── オーケストラってなに？

♪オーケストラの1日
- 6 ── 演奏の準備
- 8 ── ホールの準備
- 10 ── 演奏会の始まり
- 11 ── コラム 演奏会でのマナー

🎼 オーケストラの楽器と演奏者

12 ── オーケストラの主な楽器

♪弦楽器

14 ── ヴァイオリン
16 ── ヴィオラ
18 ── チェロ
20 ── コントラバス

♪管楽器　木管楽器

22 ── フルート／ピッコロ
24 ── オーボエ／イングリッシュホルン
26 ── クラリネット
28 ── ファゴット（バスーン）

♪管楽器　金管楽器

30 ── ホルン
32 ── トランペット
34 ── トロンボーン
36 ── テューバ

♪打楽器

38 ── ティンパニ
40 ── パーカッション

♪その他の楽器

42 ── ハープ
44 ── 鍵盤楽器

🎼 オーケストラの仕事

46 ── 指揮者
48 ── 東京フィルハーモニー交響楽団首席指揮者
　　　アンドレア・バッティストーニさん
　　　に聞く 指揮者の仕事
49 ── コラム 演奏会の楽しみ方
50 ── コンサートマスター
52 ── オーケストラを支える仕事

🎼 もっと知りたいオーケストラ

54 ── オーケストラの歴史
56 ── オーケストラの1年
58 ── オーケストラへのアプローチ
59 ── コラム 室内楽ってなに？
60 ── オーケストラの配置
62 ── オーケストラの
　　　音楽と言葉

オーケストラってなに？

オーケストラは、ヴァイオリンなどの弦楽器、フルートやトランペットなどの管楽器、ティンパニなどの打楽器で構成される大きな合奏団体のことです。多いときには100人ほどの演奏者が、同じ舞台の上でひとつの曲を奏でます。

まずは、ある日の「オーケストラの1日」を見てみましょう。たくさんの人たちが、本番に向けて準備を進めていきます。そして、最後に私たちが演奏を楽しむことで、最高のオーケストラの演奏会ができあがります。

Bunkamura オーチャードホール
チョン・ミョンフン／指揮　東京フィルハーモニー交響楽団／演奏

オーケストラの1日
演奏の準備

演奏会の当日、朝早くからたくさんのスタッフが会場に集まり、舞台をつくります。舞台が整ったら、本番に向けた仕上げの練習をします。

※15時からの演奏会の場合。

09:00 大きな楽器をホールに運びこむ

個人では運べないコントラバスやタムタムなどの大きな楽器は、専用のトラックで会場まで運びます。トラックから降ろした楽器はエレベーターに乗せて、舞台まで運びます。

楽団専用のトラック

トラックの中は、楽器が動かないように、かべに固定できるようになっている。

エレベーター / タムタム

09:25 楽器を舞台に設置する

ステージマネージャー（→p.53）の指示で、決められたところに、演奏者が使ういすや譜面台、大型楽器などを設置します。また、楽器のパートごとに譜面台の高さや位置がちがうので、調整します。

楽器のあつかいに慣れた専門のスタッフ。楽器はどれも高価なため、少しの傷が音に変化をおよぼすこともあるので、気をつけて運ぶ。

ステージマネージャー

楽譜は楽器ごとにちがうので、置きまちがいにも注意する。

09:30 演奏者が集まり始める

管楽器の演奏者は、特に早く会場に来て練習します。管楽器は温度で音が大きく変わるので、事前に楽器をあたためて、よい状態にしておくためです。

ホルンが入っている

打楽器や大きな楽器以外は本人の持ち物で、演奏者が自分で持ち運ぶ。

早く来た演奏者は、舞台の裏で練習することが多い。

11:00 ゲネプロ

本番当日は「ゲネプロ」とよばれる、本番と同じような通し練習をします。ホールでの音響を確認したり、楽器のチームで話し合いをしたりして、本番によい演奏ができるように最後の準備をします。

楽器ごとのチームワークは、とても重要だ。楽器ごとに息の合った演奏をすることで、オーケストラという大きなチームがうまくいく。

オーケストラってなに？

オーケストラの1日
ホールの準備

舞台づくりと同時進行で、ホールでお客様をむかえる準備を始めます。

10:00 ホールのそうじ
ホールは観客にとって、特別な場所。すみずみまで、ていねいにそうじをします。

11:00 プログラムを準備
曲の解説や出演者のしょうかいが書かれたプログラムやチラシなどを準備します。

13:30 会場スタッフの打ち合わせ
ホールでは、公演内容が毎日のように変わります。今日の公演の注意点などを確認し合います。

13:45 タイムテーブルの表示を出す
公演によって、休けい時間や終演時間はいろいろです。観客に事前に知らせるために、入口近くの目立つ場所に表示を出します。

タイムテーブル	
開場	14:30
開演	15:00
第一部	40
休憩	15
第二部	50
終演	16:45

終わった後もチェック！

アンコールがあれば、終演後にアンコールの曲目が、わかりやすい場所に表示される。プログラムにはのっていないので、帰る前に確認しておこう。

14:30 開場

開場前から、入口にはたくさんの人が並びます。入口には係の人が立ち、観客を出むかえます。チケットを確認して、プログラムなどをわたします。座席やトイレの場所などの案内もします。

美しいホールは、ふだんとはちがう世界にむかえ入れてくれる。

クローク…大きな荷物やコート、がさがさ音がするふくろなどは、クロークに預けます。

販売コーナー…その日の公演に合わせた、CDや本などが並びます。

ホワイエ（ビュッフェ）…休けい時間などに、飲食ができます。

いろいろなホールの形

ホールにはさまざまな形がある。ホールの形がちがうと、音の響きや舞台の見え方が大きく変わるので、いろいろなホールに出かけてみよう。

シューボックス型

くつを入れる箱のような、長方形の形をしている。音がまんべんなく客席に届きやすい。

Bunkamura オーチャードホール

ワインヤード型

だんだんになって広がるぶどう畑のような形で、舞台を取り巻くように客席が配置されている。

サントリーホール

オペラハウス型

左右に大きく飛び出している、バルコニー席がある。オペラやバレエのためのホール。

新国立劇場 オペラ劇場

オーケストラってなに？

オーケストラの1日
演奏会の始まり

全ての準備が整いました。いよいよ、演奏会の始まりです。

15:00 演奏者の入場
コンサートマスター（→p.50）以外の演奏者が舞台にそろいます。

演奏者の服装

男性はタキシードや燕尾服にネクタイ、女性は黒いロングドレスやパンツルックといった正装で演奏します。特別な公演では、女性ははなやかなドレスを着ることもあります。

15:02 コンサートマスターの入場
コンサートマスターが登場します。コンサートマスターは、指揮者と演奏者をつなぎ、その公演を取り仕切るリーダーです。

15:03 チューニングをする
コンサートマスターの合図で、オーボエの「ラ」の音を基準にして、みんなでチューニング（音合わせ）をします。

15:05 指揮者の入場
チューニングが終わったところで、指揮者が登場します。

演奏前に握手する、指揮者とコンサートマスター。「よい演奏会にしよう」というあいさつだ。

15:06 演奏の始まり
マナーを守って、楽しみましょう。クラシックの演奏会の多くは、2部構成になっています。最後にはアンコール曲が用意されていることもあります。

協力：Bunkamura オーチャードホール

演奏会でのマナー

どんな服を着ていけばいいの?

決まりはありませんが、演奏者は正装で演奏します。清潔感のある服装を心がけるとよいですね。

拍手はいつしたらいいの?

「あなたが感動したときに!」と、いいたいところですが、演奏を聴き慣れている周りの人に合わせて拍手するとよいでしょう。指揮者や演奏者は曲の最後、ほんの数秒の音のない時間(余韻)までを演奏の一部と考えています。

「ブラヴォー」って、どういう意味?

「ブラヴォー」は、イタリア語で「すばらしい!」など、感激したときに発する言葉です。本来は男性1人に対して使う言葉で、女性に対しては「ブラーヴァ」、合唱など多数の人たちに対しては「ブラーヴィ」が正しいのですが、イタリア以外の国では「ブラヴォー」とまとめていっています。

いい席ってどこ?

ながめや音は、ホールや席によって変わります。いろいろなホールに出かけて、ちがいを楽しんでみましょう。

トイレに行きたくなったら?

公演が始まる前に、トイレは済ませておきましょう。でも、どうしても行きたくなったら、周りの大人に伝えて、静かに席を立ちましょう。

ねむくなったら?

照明が落とされたホールに響く心地よい音楽…ねむくなることがあるかもしれませんね。曲のことや演奏者のことを調べてから行くと、きっと、ねむたくなるひまはありませんよ!

最後の拍手はいつまでしたらいい?

最後の演奏の後、拍手が鳴りやまないことがあります。「カーテンコール」といって、指揮者や演奏者が何度も出てきて拍手にこたえてくれます。でも、終わりのアナウンスが入ったり、ホールの照明がついたりしたら、気持ちよく帰りましょう。

聴くときのマナーは他にもある!

- ちこくしない
- おしゃべりしない
- スマートフォンは電源を切る
- 音の出るものは持ちこまない

観客のひとりひとりも、オーケストラと一緒にその日の公演をつくっています。

オーケストラの主な楽器 ♪

弦楽器

弦を弓でこすったり、指ではじいたりして音を出す楽器。

- ヴァイオリン ▶p.14
- ヴィオラ ▶p.16
- チェロ ▶p.18
- コントラバス ▶p.20
- ハープ ▶p.42 ハープも弦楽器のなかま。弦を指ではじいて音を出す。

管楽器

管楽器は、「木管楽器」と「金管楽器」の2つに分けられます。

- フルート／ピッコロ ▶p.22
- オーボエ ▶p.24

木管楽器

弦楽器の大きさと音の高さくらべ

弦楽器は、サイズが大きい楽器になるほど、低い音が出る。ヴァイオリンが最も高い音を出し、コントラバスが最も低い音を出す。

← 高い音

低い音 →

| ヴァイオリン | ヴィオラ | チェロ | コントラバス |

クラリネット
▶p.26

ファゴット
▶p.28

リードをふるわせて音を出す楽器。リードを使わないフルートなどは、管に息をぶつけて空気をふるわせて音を出す。

ホルン
▶p.30

トランペット
▶p.32

テューバ
▶p.36

トロンボーン
▶p.34

金管楽器

くちびるをふるわせて音を出す楽器。

オーケストラは、弦楽器、管楽器、打楽器という3つの楽器のグループで構成されています。曲によっては、ピアノなどの楽器が加わることもあります。オーケストラの主な楽器をしょうかいします。

打楽器

マレット（ばち）や手で楽器をたたいたり、こすったりして音を出す楽器。

パーカッション
▶p.40

ティンパニ ▶p.38

鍵盤楽器

ピアノなど
▶p.44

指で鍵盤をひいて音を出す楽器。オーケストラの正式な楽器ではないが、曲によってはオーケストラの中心になる。ピアノの他にチェレスタやチェンバロなどがある。

弦楽器

ヴァイオリン

Violin [Vn.]

オーケストラの花形の楽器

はなやかな響きをもつ高い音で、歌うように奏でられる楽器です。左の肩にのせ、右手に持った弓で弦をこすって音を出します。

オーケストラでは最も人数が多く、第1ヴァイオリンは高音で曲の主旋律（メロディ）を、第2ヴァイオリンは和音や低い旋律をひくことが多いです。第1ヴァイオリンの首席奏者は「コンサートマスター」とよばれ、オーケストラのまとめ役で、独奏（ソロ）も行います。

コンサートマスター　依田真宣さん

依田さんのヴァイオリンケース。共演者や恩師との記念写真がはさまれている。弓にぬる松脂（→ p.19）も入っている。

依田真宣さんにインタビュー！

Q. ヴァイオリンを始めたきっかけは？
A. 兄がヴァイオリンをやっていたので、まねをするように始めました。

Q. 練習はどのくらいしていますか？
A. 本番がない日でも、毎日、2〜5時間は自宅で練習しています。

Q. 楽器について教えてください。
A. 今のヴァイオリンは、10年ほど一緒にいます。気温や湿度で状態が変わるので、常に気にかけていますよ。

Q. コンサートマスターの仕事とは？
A. 全ての演奏者が、リハーサルのときから気持ちよく演奏できる空気をつくることですね。あとは、指揮者の意思を音やジェスチャーで、他の演奏者に伝えます。新しい指揮者をむかえるときは、どういう方かわからないので、緊張します！

ヴァイオリンの仕組み

子ども用の小さいサイズの楽器（分数楽器）もある。

弦
羊の腸や金属線でできている。4本あり、E線が最も高く、かがやかしい音を出す。G線は最も低い音域で、豊かな音を出す。同じ高さの音をどの線でひくかで、ふんいきが変わる。

- G線
- D線
- A線
- E線
（ドイツ語読み）

表板
松の木でできている。裏板は楓。中は空どうで、弦のふるえがこれらの板に伝わり、共鳴してよい音になる。表板のふるえを裏板に伝える小さな棒（魂柱）が中にある。

あご当て
顔の形に合わせて選ぶ。ハンカチなどの布を当てることもある。

スクロール（→p.17）

糸巻き
まわして、弦の張り具合を変え、音を調節する。

ネック

指板（→p.19）
黒檀やローズウッドという木でできている。

ボディ（長さ35.5cm前後）

f字孔
えがかれているのではなく、くりぬかれたあなになっている。

駒
弦のふるえを表板に伝える。

テールピース
4本の弦をまとめる。

弓
かたい木に、馬のしっぽの毛が150～170本ほど張られている。切れたり、はりがなくなったりしたら、張りかえる。

長さ73cmほど

オーケストラの楽器と演奏者

ヴァイオリンが活やくする名曲

♪ リヒャルト・シュトラウス：交響詩「英雄の生涯」妻の主題
♪ リムスキー・コルサコフ：交響組曲「シェエラザード」シェエラザード妃の主題

? 古いヴァイオリンはよいヴァイオリン？

約300年前にストラディヴァリという人がつくったヴァイオリンはとても高価で、何億円もするものもあります。音がよく、見た目も美しく、歴史的な名器だからです。でも、新しい楽器も、よい材料と正確な技術でていねいにつくられると、よい音が出ます。長年大事にされれば、将来は名器とよばれるかもしれません。

ストラディヴァリのヴァイオリン（イギリス、アシュモレアン博物館）

弦楽器

ヴィオラ

Viola [Va.]

首席奏者　須田祥子さん

合奏に深い色あいを加える

ヴァイオリンを少し大きくした形で、ひき方も同じです。最も人の声に近い楽器といわれ、高音と低音の間で主旋律を支えたり、和音をつくったりします。

よく似たヴァイオリンにくらべ、あまり目立たない楽器かもしれません。でも、ヴィオラの音が加わることで、弦楽器の合奏に深みが出ます。すぐれたオーケストラほど、ヴィオラの演奏がよいともいわれます。

オーケストラでは、客席から見て指揮者より右側、手前にすわっていることが多い（→p.60）ので、注目してみましょう。

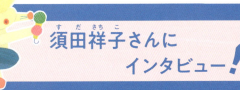

須田祥子さんにインタビュー！

Q. 楽器を始めたきっかけは？
A. 6歳のときにヴァイオリンの美しさに一目で恋に落ち、その2年後には音楽家になると決めていました。ヴィオラを始めたのは、大学生のときに恩師からヴィオラの才能を見出され、強くすすめられたのがきっかけです。

Q. 練習はどのくらいしていますか？
A. たくさん練習したいときは、1日に9時間くらいすることもありますが、しない日もあります。楽器をひかなくても、イメージをつくるなどいろいろな練習方法がありますよ。

Q. 楽器について教えてください。
A. 楽器は相棒。いつも愛情をそそいでいます。気温や湿度には気をつけています。

Q. 本番中はどんなことを考えていますか？
A. ただただ、音楽のことのみです。最高の演奏になるように、周りにも気を配っています。

ヴィオラの仕組み

素材は、ヴァイオリンとほぼ同じ。

弦
4本ある。A線が最も細く、最も高い音を出す。C線は、ヴァイオリンにはない、太い弦。ヴァイオリンより5度下＊の音まで出る。

＊5度は、ピアノでいうと白鍵4つ先の音。ソの音の5度下はド。

スクロール（うず巻き）
楓の木をけずってつくられる。音には関係ないが、楽器製作者のセンスがわかるところ。

糸巻き（→p.15）

C線
G線
D線
A線

ネック

指板（→p.19）

ボディ（長さ38〜45cmほど）
体の大きさに合わせて楽器のサイズを選ぶ。

駒
強く張った弦を支えるため、かたい楓の木でできている。

テールピース（→p.15）

f字孔（→p.15）

あご当て（→p.15）

弓
ヴァイオリンの弓より太く重い。馬のしっぽの毛が190本ほども張ってある。

長さ73cmほど

オーケストラの楽器と演奏者

🎼 ヴィオラが活やくする名曲
- ♪ベルリオーズ：ヴィオラ独奏付き交響曲「イタリアのハロルド」
- ♪ブルッフ：ヴィオラと管弦楽のためのロマンス
- ♪モーツァルト：ヴァイオリンとヴィオラのための協奏交響曲 変ホ長調
- ♪フォーレ：「レクイエム」

❗音を小さくする「ミュート」

駒の上に「ミュート（弱音器）」を付けると、音が小さくなったり、音色が変わったりします。ミュートの形や大きさはさまざまです。

小さなタイプなら、駒とテールピースの間に置いておき（写真左）、使うときにさっと付けられる（写真右）。

弦楽器(げんがっき)

Violoncello [Vc.]

チェロ

長谷川陽子さん

まろやかな深い音色で歌う

　まろやかで深い音色、豊かな音量で、音の高さは人の声に近いといわれています。演奏者はいすにすわり、楽器を床に立て、胸と両ひざの間で支えて演奏します。

　古くから、ヴィヴァルディをはじめとする多くの作曲家が、チェロを主役にした曲を書いてきました。オーケストラでは、太い低音で合奏を支えたり、やわらかな高音で旋律を奏でたりと、大活やくしています。ベートーヴェンの時代からは、かなり高い音の旋律も担当するようになりました。

長谷川陽子さんにインタビュー!

Q. チェロを始めたきっかけは?
A. 子どものときに、小さいわりに肉厚な手をしていたので、チェロをすすめられて始めました。

Q. 練習はどのくらいしていますか?
A. オンとオフは、なるべく分けるようにしています。どのくらい練習するかは日にもよりますが、音楽のことはいつも考えています。

Q. 楽器について教えてください。
A. 気温差や湿度には気をつけています。あと、大きな楽器なので、移動するときは、周りの方のめいわくにならないように気をつけています。

Q. 本番中はどんなことを考えていますか?
A. 曲のこと、周りの音やふんいきを感じられるように努力しています。オペラやバレエのときは、舞台上の風景をイメージしていることもあります。

チェロの仕組み

子ども用の小さいサイズの楽器もある。

スクロール（→p.17）

糸巻き（→p.15）

指板
弦楽器の指板は、すりへりにくくてじょうぶな木（黒檀など）でできている。演奏の間、弦でこすられ続けるからだ。

ネック

弦
4本あり、ヴァイオリンやヴィオラにくらべて太く長い。A線が最も高く張りのある音を出し、C線は最も低い音域を受けもつ。C線が最も太い。

ヴィオラの1オクターブ下の音まで出せる。弦が長いから、ピッツィカート（指ではじく演奏法）でも音に豊かな余韻が残る。

C線
G線
D線
A線

ボディ（長さ75cmほど）
素材は、ヴァイオリンとほぼ同じ。長さはヴァイオリンのおよそ2倍、厚みはおよそ3倍もある。

f字孔（→p.15）

駒（→p.15）

テールピース（→p.15）

長さ71cmほど

弓
ヴァイオリンの弓よりも、太く短い。馬のしっぽの毛を張ってある。

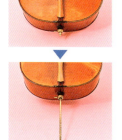

エンドピンは、ねじで長さを変えられる。

エンドピン
床に立てて、楽器を支えるピン。これのおかげで、手は楽器を強くおさえる必要がなく、演奏のために自由に動かせる。

オーケストラの楽器と演奏者

🎼 チェロが活やくする名曲

♪サン・サーンス：
　組曲「動物の謝肉祭」より「白鳥」

♪ロッシーニ：歌劇「ウィリアム・テル」
　序曲（冒頭の合奏）

♪ドヴォルザーク：チェロ協奏曲 ロ短調

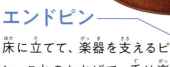

❓ 弓の毛に何をぬっているの？

松脂をぬっています。じつは弓は、それだけで弦をこすっても音を出せず、毛に松脂をぬることが必要です。松脂とは、松の樹脂（幹を傷つけると流れ出る、半とう明でねっとりした物質）のことで、これをぬると、毛に細かなでこぼこができます。それで弦をこすると音が出るのです。

弦楽器

コントラバス

Contrabass [Cb.]

熊谷麻弥さん

厚みのある低音の響き

弦楽器で最も低い音を受けもち、オーケストラの合奏を支える存在です。チェロとともに低音に厚みを出し、深く響かせます。

大きな楽器なので、指とうでの動きが大きくなります。楽器はエンドピンで床に立て、だきかかえるようにして、弓でひきます。ピッツィカート（指ではじく演奏法）では、太く長い弦がよくふるえ、豊かに響きます。

◀弦が4本の楽器と5本の楽器がある。左の写真は5弦のタイプ。

弓のケース。大きな楽器は楽団のスタッフが運ぶので、奏者は弓だけを持ち運ぶ。

熊谷麻弥さんにインタビュー！

Q. 楽器を始めたきっかけは？
A. 母がピアノの先生だったので、ずっとピアノを習っていました。コントラバスを始めたのは、中学の吹奏楽部からです。

Q. 練習はどのようにしていますか？
A. コントラバスは大きいので、自分では持ち運びをしません。演奏会では楽団のものを使うのですが、自分のものよりも少し大きいため、リハーサル前に練習室で慣れるようにしています。ふだんは、自宅で自分のもので練習します。

Q. 楽器について教えてください。
A. 乾燥しすぎると割れてしまうので、冬は特に気をつけます。とにかく大きいので、ぶつけないように注意が必要です！

Q. 本番中はどんなことを考えていますか？
A. 他の楽器や指揮者の動きをすばやくキャッチできるように、集中しています。

コントラバスの仕組み

糸巻き
弦が太いので、ヴァイオリンやチェロとちがって、金属のねじと歯車で巻く。

（裏側から見たところ）

オーケストラの楽器と演奏者

弦
弦が4本の楽器と、5本の楽器がある。4本の場合はG線が最も高く、E線が最も低い音（ミの音）を出す。5本の場合は、さらに低いドかシまで出せる弦が加わる。

他の弦楽器とちがって、なで肩。この楽器の先祖がヴィオラ・ダ・ガンバ（→p.45）だからだ。

- E線
- A線
- D線
- G線

ネック

指板（→p.19）

弓
ヴァイオリンの弓よりも、太く短い。

これはドイツ式の弓。手のひらを上に向けて持つ。フランス式の弓は、他の弦楽器と同じ持ち方で、形も似ている。

長さ70cmほど

f字孔（→p.15）

駒（→p.15、p.17）

ボディ（長さ110cmほど）

テールピース（→p.15）

体が小さい人のために、ひと回り小さいサイズの楽器もつくられている。

エンドピン（→p.19）

🎼 コントラバスが活やくする名曲
- ♪サン・サーンス：組曲「動物の謝肉祭」より「象」
- ♪マーラー：交響曲第1番「巨人」第3楽章 冒頭の主題
- ♪ベートーヴェン：交響曲第9番「合唱付き」第4楽章 歓喜の歌

❓立って演奏するの？
コントラバスの全長は、180cm以上もあります。昔は立って演奏するのがふつうでしたが、現代では、高いいすにこしかけて演奏することも多くなっています。

▶真横から見たところ

木管楽器

フルート／ピッコロ

Flute [Fl.] / Piccolo [Picc.]

そよ風や小鳥のように軽やかに

フルートは、そよ風や川のせせらぎを思わせるやさしい音色が特ちょうですが、演奏には意外に体力が必要です。歌口に下くちびるをつけ、ななめ下に息をふきつけて演奏しますが、息の全部が楽器に入るわけではないので、長い音をふくのは大変なのです。

ピッコロは、オーケストラで最も高い音を出します。鳥のさえずりのようによく通る音なので、曲の中の見せ場で活やくします。

首席奏者　神田勇哉さん

浜松市楽器博物館 所蔵

昔のフルートは木でできていた。写真は200年ほど前のフルート。

神田勇哉さんにインタビュー！

Q. フルートを始めたきっかけは？
A. 7歳のときに楽器を習いたくなり、たまたま近所にあったフルート教室に通い始めました。

Q. 練習はどのようにしていますか？
A. どんな日でも毎日1時間以上は欠かさず練習しています。練習以外にも楽譜を読むなど、常に音楽にふれている生活です。

Q. 楽器について教えてください。
A. フルートはぴかぴかの銀色の楽器だと思われていますが、長年の使用で酸化してしまった銀のフルートを使うプロ奏者もいます。黒ずんだフルートは、よくおどろかれます！

Q. ふだんの生活で気をつけていることは？
A. 耳を守ることを心がけています。たとえば、テレビの音量はいつも小さくしていますし、練習中は音楽用の特別な耳せんをしています。

フルートの仕組み

管全体の長さは約66cm、直径は約2cm。A、Bのところで分解できる。

銀製の楽器が多い。金製だと、しっかりした音が出るが、ふきこなすのが難しい。洋白(ニッケルなどの合金)製は軽く、ふきやすい。あたたかい音がする木の楽器もつくられている。

歌口

頭部管

リッププレート
歌口をおおう部分。ここに下くちびるをつけてふく。彫刻がほどこされているものもある。

1オクターブ上の音を出すには、指使いはそのままで、息を強くふく。だから、高い音を弱くふいたり、同じ音のまま強弱をつけたりするのは、難しい技だ。

主管

キー
キーの下には、音孔(あな)が開いている。どのキーをおさえるかで、音の高さが変わる。

左手の指でおさえるキー

歌口

ピッコロの仕組み

全長約34cmと、フルートの半分くらいしかない。フルートと同じ指使いで、1オクターブ高い音を出す。

頭部管

右手の指でおさえるキー

管は木でできているものが多い。キーは洋白(ニッケルなどの合金)。

足部管

主管

この形のキーをおさえると、指の届かない位置にあるあなをふさぐことができる。

🎼 フルート、ピッコロが活やくする名曲

♪ チャイコフスキー:バレエ音楽「くるみ割り人形」より「中国の踊り」「葦笛の踊り」(フルート)

♪ グリーグ:「ペール・ギュント」組曲 第1番より「朝」(フルート)

♪ ベートーヴェン:交響曲第9番「合唱付き」第4楽章の後半(ピッコロ)

オーケストラの楽器と演奏者

❗ 分解して運べる

木管楽器は分解することができるので、コンパクトにケースに入れて持ち運べます。フルートは上のように3つに、ピッコロは2つになります。オーボエは管3つとリードに分解でき、ファゴットの管は4つに、クラリネットは5つに分解できます。

分解してケースに収めたフルート(上)とピッコロ(下)

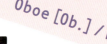

木管楽器

オーボエ／イングリッシュホルン

Oboe [Ob.] / English horn [E.H.]

首席奏者　加瀬孝宏さん

細い楽器から広がる詩的な音色

　演奏が始まる前、楽器の音合わせのときに、いちばん最初に音を出して、みんなの音程の基準になるのがオーボエです。少し鼻にかかったような、独特の詩的な音色は、すぐに聴き分けられるでしょう。

　細いリードをくわえてふきますが、演奏家は自分でリードをけずって音の調整をするので、よく聴くと、演奏家によって少しずつ音色がちがいます。イングリッシュホルンというよく似た楽器も、オーボエ奏者が演奏します。

加瀬孝宏さんにインタビュー！

Q. オーボエを始めたきっかけは？
A. 小さいころからピアノを習っていて、音楽は身近な存在でした。オーボエは、図鑑やテレビで見て、小学生のころからずっとあこがれていました。どうしたらあんなによい音が出るのだろうと不思議に感じていて、いつか絶対にふきたい！と、思っていました。念願のオーボエを手にすることができたのは、高校の管弦楽部に入ったときです。初めてふいたときの感動は、今でも忘れられません。

Q. 楽器について教えてください。
A. オーボエの管の多くは「グラナディラ」という黒くてかたい木でできています。気温や湿度が低すぎると管が割れてしまうので、とても気をつけています。

Q. 本番中はどんなことを考えていますか？
A. 演奏している音楽のみに集中しています。

オーボエの仕組み

管の長さは約60cm。管楽器としては小さい。A、B、Cのところで分解できる。

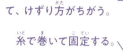
リード。演奏家によって、けずり方がちがう。
糸で巻いて固定する。

オーケストラの楽器と演奏者

リードは、しめらせないと、よく鳴らない。演奏前に数秒〜数分、水につける。

チューブ

リードを外して中を見たところ。中の空間は、とてもせまく、いちばん細い部分で直径約4mm。息を入れるのが大変だ。

リード

葦（水辺に生える植物）のくきをけずったもの。2枚のリードを合わせてふく（→p.29）。

音孔（あな）

キーのまん中の小さなあなを、指でふさいだり開けたりしてふく。半分だけふさぐこともある。

A ◀ 上管

遠い位置にあるあな（音孔）をふさぐためのキー。金属の棒で、遠くのあなのふたにつながっている。

指が届かない位置にあるあな。金属のふたがついていて、上のほうのキーと連動する。

B ◀

下管

管は、グラナディラという木でできているものが多い。キーは、銅、亜鉛、ニッケルの合金に銀メッキ。

C ◀

ベル

🎼 オーボエが活やくする名曲

♪チャイコフスキー：
バレエ音楽「白鳥の湖」より「情景」
♪モーツァルト：オーボエ協奏曲ハ長調

イングリッシュホルン

オーボエ奏者が担当するもう1つの楽器。コーラングレともよばれる。

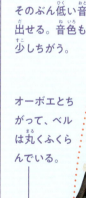

管の長さ：約1m

オーボエより長く、管の中が太い。そのぶん低い音が出せる。音色も少しちがう。

オーボエとちがって、ベルは丸くふくらんでいる。

ドヴォルザークの交響曲第9番「新世界より」第2楽章の有名な旋律（「家路」）は、この楽器が奏でている。

❗ 鳥の羽でそうじ

管の中に水分があると、楽器がいたんでしまうので、水分をふきとるために、七面鳥などの鳥の羽が使われています。オーボエの管の中はせますぎて、ふつうの布でふくと、つまってしまうのです。でも最近は、つまりにくい布でできた「スワブ」がつくられ、そちらを使う人も増えています。

▲七面鳥の羽
▶布製のスワブ

木管楽器

クラリネット

Clarinet [Cl.]

首席奏者　アレッサンドロ・ベヴェラリさん

丸い音からするどい音、高音から低音へと自由自在

丸みのある、明るい音色で親しまれている楽器です。管楽器の中でいちばん、出せる音のはんいが広く、3オクターブ半も出すことができます。しかも、低音は太く丸い音、高音はするどい音、中間の高さではつやのあるはなやかな音と、それぞれの高さで特色があります。

合奏でも独奏でも活やくします。さまざまなオーケストラ曲を聴いていくと、明るく楽しい感じ、もの悲しい感じ、おどけた感じ、不気味な感じなど、この楽器のさまざまな表現が楽しめるでしょう。

ベヴェラリさんにインタビュー！

Q. クラリネットを始めたきっかけは？
A. 音楽との出会いは7歳のときです。いとこがロックバンドで活動していたので、楽器に興味をもちました。まずピアノを習い、周りにすすめられてクラリネットを始めました。でも、本当はサクソフォンをやりたかったんですよ。そのときは、サクソフォンをふくには身長が足りなくて、残念でした！

Q. 練習はどのくらいしていますか？
A. 公演があるときは1日に8〜9時間、ないときでも毎日2〜3時間は練習します。家で練習することが多いですが、音楽スタジオで練習することもあります。

Q. 日本の楽団に入ったわけは？
A. 日本に初めて来たのは、3年前、音楽祭のオーケストラに参加するためでした。次の年に楽団員の募集を知り、オーディションを受けて、入団しました。

クラリネットの仕組み

管の長さは約70cm（B管の場合）。オーボエより長く、よりたくさんの音孔（あな）が開いている。A、B、C、Dのところで分解できる。

リガチャー
リードをとめる器具。金属のほか、革やひものタイプもある。

マウスピースの裏側と、横から見たところ。ただ1枚のリードのふるえによって音が出る。

マウスピース
ここに葦からつくったリードをつけてくわえ、息をふきこむ。

樽（バレル）
気温が高いと、全体の音程が上がってしまう。樽を少しぬく（Bにすきまをあける）と、音程が下げられる。

上管
グラナディラという、かたい木でできているものが多い。マウスピースだけは合成樹脂製。

左手の指でふさぐあな

音孔（あな）

レバー
指が届かないところのあなも、この形のレバーをおさえれば、ふさぐことができる。

右手の指でふさぐあな

下管

クラリネットが活やくする名曲
- ♪プロコフィエフ：「ピーターと狼」猫の主題
- ♪ガーシュウィン：「ラプソディ・イン・ブルー」冒頭の独奏
- ♪モーツァルト：クラリネット協奏曲 イ長調

レバーに連動してしまる、あなのふた

ベル

ベヴェラリさんのクラリネットケース。分解された管（B管とA管の2本）と、予備のリードも入っている。

左がA管、右がB管。

得意な曲がちがう、2本のクラリネット

クラリネット奏者は、B管、A管の2本をいつも持っています。A管はB管より半音低い音で出ます（ラシド♯レミファ♯ソ♯ラの音階が基本になっていて、イ長調など♯の付く曲がふきやすい）。B管はシ♭ドレミ♭ファソラシで、変ロ長調など♭の付く曲が得意です。曲によって、持ちかえてふきます。

オーケストラの楽器と演奏者

27

木管楽器

ファゴット（バスーン）

Fagott [Fg.]

首席奏者　チェ・ヨンジンさん

低音はもちろん高音も魅力

　ドイツ語やイタリア語では「ファゴット」ですが、英語では「バスーン」といいます。演奏者は、重さ4kg近くのこの大きな楽器を、ストラップで首からさげて演奏します。

　オーボエと同じく、2枚のリードをふるわせて音を出します。あたたかみのある低い音で、他の楽器を引き立てるような旋律や伴奏を担当しますが、ストラヴィンスキーの「春の祭典」の冒頭のように、魅力的な高音の独奏（ソロ）を奏でることもあります。

ファゴットは、リードが命。選びぬいた複数のリードを、いつも用意してある。

チェ・ヨンジンさんにインタビュー！

Q. ファゴットを始めたきっかけは？
A. ピアノの先生だった母にすすめられて、中学生のときに始めました。そして、始めたら、ファゴットをどんどん好きになっていきました。

Q. 楽器について教えてください。
A. 気温と湿度にはとても気を配っていて、どこへ行っても、気温と湿度を確認してから練習します。また、リードの状態が音の調子を左右する楽器なので、本番に向けて、いかにリードをよい状態にもっていくか、曲に合わせて使い分けるかを考えています。

Q. 本番中はどんなことを考えていますか？
A. 曲を味わいつつ、自分の役割を意識して演奏しています。

Q. ふだんの生活で気をつけていることは？
A. 自然なよい姿勢で演奏できるように、体をきたえる運動をしています。

ファゴットの仕組み

楽器の長さは約140cm。でも、じつは2.6mもの管を2つ折りにしてある。管は楓の木でできている。

ここから音が上へ出る。

ボーカル

長さやつくりによって、音の調子が変わる。短いタイプでは音が少し高くなり、長いと低くなる。

ベル・ジョイント

♪ ファゴットが活やくする名曲
- ♪デュカス：交響詩「魔法使いの弟子」ほうきの主題
- ♪リムスキー・コルサコフ：交響組曲「シェエラザード」第2楽章 カランダー王子の主題
- ♪ラヴェル：バレエ音楽「マ・メール・ロワ」より「美女と野獣の対話」野獣の主題（コントラファゴット）

リード

葦でできたリード。細長い形の葦を2つ折りにし、まげた部分を切って2枚にする。

切る前　切った後

これは楽器の裏側。客席からは見えないが、こちら側にたくさんのキーと音孔（あな）がある。

バス・ジョイント　**テナー・ジョイント**

この部分のたくさんのキーは、左手の親指で操作する。遠くの位置のあなをふさぐためだ。

右手の親指をかけるところ

4回も折り返している。のばすと6m近くなる。

長さ：約140cm

ダブル・ジョイント

この中には2本の管が通っていて、下の銀色のキャップの中には2本をつなぐU字型の管がある。リードからふきこまれた息は、ここで折り返して上へ行く。

コントラファゴット

オーケストラの曲の最も低い音を出せるのは、テューバとこの楽器だけだ。

重さは約6kg。床に立ててふく。

オーケストラの楽器と演奏者

！ リードは手づくり

ファゴットやオーボエの奏者は、練習時間よりもリードづくりの時間のほうが長いといわれます。ダブルリード（2枚リード）の演奏家の多くは、リードを手づくりするのです。右はチェ・ヨンジンさんのリード製作の道具。なっとくのいく音が出るよう、心をこめてリードをつくり、選びぬいて演奏します。

いちばん右はチェさんの友人の手づくりで、リードの先を切る道具だ。

金管楽器

ホルン

Horn [Hr.]

難しい楽器の代表

オーケストラの中で、後ろ向きに音を出すのは、このホルンだけです。大きく開いたベルに、右手を差しこんで演奏します。弱くふけば、あたたかくやわらかい音色に、強くふけば、いさましく響きます。

ホルンは、難しい楽器の代表ともいわれます。特に高音の音階は難しく、とても注意してふかないといけません。

首席奏者　高橋臣宜さん

◀後ろから見たところ。

▶ベルのふさぎ具合によって、音色や音程をびみょうに変えている。

高橋臣宜さんにインタビュー！

Q. 子どものころから音楽はすきでしたか？
A. 特にクラシック音楽があふれる環境ではありませんでしたが、父がビートルズ*の大ファンだったので、いつも音楽は身近にありました。

Q. 練習はどのくらいしていますか？
A. リハーサル前には最低2時間、休日は1日に4時間ほど練習します。近所の音楽スタジオや市民センターの練習場などを借りて練習しています。

Q. 本番中に意識していることは？
A. ふだんどおりに演奏すること。そのためには、練習がとても大切です！

Q. ふだんの生活で気をつけていることは？
A. いつも音にかこまれているので、家にいるときはテレビもつけずに、音のない環境で静かに休むように心がけています。

*ビートルズ……社会に大きな影響を与えたイギリスのロックバンド。

ホルンの仕組み

マウスピース
金管楽器は、マウスピースに当てたくちびるをふるわせることで音を出す。くちびるの形と息の強さを変えるだけでも、音程を変えられる。

管はぐるぐると巻いている。のばしたら4m近くになる。でも、太さはボールペンぐらいしかない。

主に真ちゅう(銅と亜鉛の合金)でできている。

音は丸みをおび、木管楽器ともよく合う。

レバー
左手の人さし指、中指、薬指でおさえる。

バルブ
レバーをおさえると、バルブの奥で管の長さが変わる(息の通り道に近道ができたり、遠回りの道になったりする)。それで音の高さが変わる。

ベル
直径約30cmと大きい。ベルをねじのようにくるくる回して、取り外せるタイプのものも多い。

高橋さんのホルンケース。ベルが取り外せるので、ふつうのリュックサックぐらいのケースに収まる。楽器の重さは約2.5kg。

> ### 🎵 ホルンが活やくする名曲
> ♪リヒャルト・シュトラウス:交響詩「ティル・オイレンシュピーゲルの愉快ないたずら」ティルの主題
> ♪リヒャルト・シュトラウス:ホルン協奏曲第1番
> ♪ベートーヴェン:交響曲第3番「英雄」

オーケストラの楽器と演奏者

❕ 角笛から進化した

ホルンとは、ドイツ語で動物の角のこと。その名の通り、もとは動物の角でつくった「角笛」でした。昔、狩りでえものを見つけた合図にふかれたものですが、そのうち、肩にかけておけるように、管を輪っかに丸めたものがつくられたのです。のちに演奏のために改良され、バルブのあるホルンになりました。

金管楽器

トランペット

Trumpet [Trp.]

首席奏者　川田修一さん

きらびやかな金管のスター

　大きな音量と明るくかがやかしい音で、とても目立つ花形の楽器です。マウスピースを当てたくちびるをふるわせて音を出し、右手の3本の指でピストンを操作して演奏します。バッハやハイドンの曲では、上品な旋律を奏でます。ベートーヴェンやモーツァルトの曲では伴奏が多いのですが、ここぞというとき、高らかなファンファーレをふき鳴らします。

左がC管、右がB管のトランペット。オーケストラでは、どちらもよく使われる。マウスピースを取り外し、つけかえて使う。

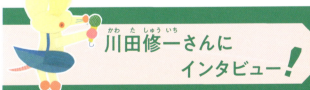

川田修一さんにインタビュー！

Q. トランペットを始めたきっかけは？
A. 小学4年のときにマーチングバンドを見て、かっこいいなと思って始めました。本当は打楽器をやりたかったのですが、身長が足りなくて、先生にトランペットを割りふられたんですよ。

Q. 練習はどのくらいしていますか？
A. いつも自宅で練習します。演奏会やリハーサルがある日は、出かける前に1時間、夜に2～3時間練習しています。

Q. 本番中に考えていることはなんですか？
A. 自分の音、周りの音をしっかり聴くように集中しています。

Q. 海外留学について教えてください。
A. 30歳のときに、尊敬するドイツのラインホルト・フリードリッヒ先生に、1年間教わりました。奏法が安定し、音楽性も豊かになり、とても貴重な時間をすごしました。

トランペットの仕組み

たった3本のピストン・バルブの操作で、全ての音階を出す。つまり、同じ指使いで、いくつもの音を出せる。くちびるの形や息の出し方によっても、音を変えられるからだ。

オーケストラの楽器と演奏者

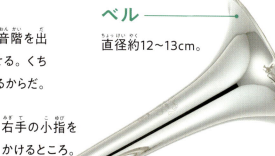

ベル
直径約12〜13cm。

ピストン・バルブ
右手の人さし指、中指、薬指でおす。

右手の小指をかけるところ。

④（楽器全体の音程を変える）

トリガー

マウスピース
演奏家は、くつのサイズを選ぶように、自分のくちびるの形・厚さに合うものを選んでいる。

ウォーターキー
（→p.35）

管は真ちゅう（銅と亜鉛の合金）製。表面に銀メッキや金メッキがほどこされている。

抜差管（①〜④）
ピストン・バルブだけでは、音程がずれる音もある。そこで、抜差管をのばしたりちぢめたりすることで、音程を調整する。①と③は演奏中に動かす。

トリガー
ここに左手の薬指を入れ、親指は①にあるトリガーにかけて、①と③の抜差管を前後に動かす。

🎼 トランペットが活やくする名曲

♪ ロッシーニ：歌劇「ウィリアム・テル」序曲より第4部（スイス軍隊の行進）
♪ ムソルグスキー（ラヴェル編曲）：組曲「展覧会の絵」より「プロムナード」
♪ ハイドン：トランペット協奏曲 変ホ長調

ミュート
ベルに差しこんでふくと、音を弱くしたり、鼻にかかったような音にしたりできる。金属製、木製などの他、形もいろいろある。

※上の写真はB管。川田さんがふいている写真の楽器はC管。

！ ファンファーレといえばトランペット

お祝いの式典や、競技会の始まりにふき鳴らされるファンファーレ。これにトランペットは欠かせません。ファンファーレは、単純な音をくり返すものが多いのですが、それは昔のトランペット（→p.45）が決まった音しか出せなかったからです。昔は、くちびるの形や息の出し方だけで音を変えていたのです。

金管楽器

トロンボーン

Trombone [Trb.]

長くスライドする管が目印

　中低音を担当する金管楽器です。すんなりした金色のスライド管を、のばしたり、ちぢめたりして音を変えます。左手で楽器を支え、右手で管をスライドさせます。

　ゆったりした旋律を、たっぷりとした美しい音でふくのが得意です。また、ワーグナー「ワルキューレの騎行」のような、いさましい響きを聴かせてくれることもあります。

副首席奏者　辻 姫子さん

いちばん長くのばしたとき。のばし方には7段階あり、これは「第7ポジション」にあたる。いちばん短くしたときが「第1ポジション」だ。

辻 姫子さんにインタビュー！

Q. 楽器を始めたのはいつですか？
A. 母がピアノの先生だったので、小さいときからエレクトーンやピアノを習っていました。父も音楽好きでしたので、音楽が身近な環境で育ちましたね。トロンボーンを始めたのは、小学4年生のときです。

Q. トロンボーンを始めたきっかけは？
A. 本当はトランペットかフルートをやりたかったのですが、吹奏楽部の入部が少しおくれたため、トロンボーンしか空きがなかったんです。初めはがっかりしましたが、すぐに大好きになりました。

Q. 本番中はどんなことを考えていますか？
A. じつは、演奏しない「休み」時間が長いことが多い楽器なので、集中し続けるのが難しいこともあります……。音を出すタイミングなどは、あえて考えすぎないようにしています。

トロンボーンの仕組み

スライド管ののばし具合と、息の出し方（くちびるのとじ具合）との組み合わせで、音を変えている。

石づき
スライド管の先が万一どこかにぶつかっても、しょうげきを吸収してくれるゴム製の部品。音のためには、管のわずかな変形もさけたい。

スライド管
管をすべらせて音の高さを変える。2つ以上の音（たとえばドからファまで）の間を少しずつなめらかに高くしていく「グリッサンド」という技も使える。

ベル
直径約21cm。

ウォーターキー
管の中にたまった水を出すためのキー。息は水分をふくんでいるので、冷えて水になる。

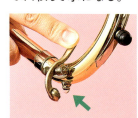

管は、真ちゅう（銅と亜鉛の合金）製。楽器によっては、ここにバルブがあり、管をたくさんのばさなくても音を変えられる。

※写真はテナー・トロンボーン。他に、バス・トロンボーンなどの種類がある。

支柱①
ここを右手で持ち、スライド管を動かす。

支柱②
ここを左手で持ち、楽器を支える。

マウスピース
（→ p.31）

抜差管（チューニング管）
全体の音程が高かったり低かったりしたら、ここで調節できる。

オーケストラの楽器と演奏者

🎼 トロンボーンが活やくする名曲
- ♪ ワーグナー：楽劇「ニーベルングの指環」より「ワルキューレの騎行」
- ♪ ワーグナー：歌劇「タンホイザー」序曲
- ♪ ラヴェル：「ボレロ」独奏

❓ 神聖な楽器？

今でこそ、オーケストラやジャズバンドで活やくしているトロンボーンですが、昔は教会だけで使われる神聖な楽器でした。豊かな音量で賛美歌の旋律をふくのが役目だったのです。交響曲の演奏に初めて使われたのは、1808年。ベートーヴェンが交響曲第5番「運命」に使用したときでした。

金管楽器

テューバ

Tuba [Tuba]

大塚哲也さん

力強く響く低音で
オーケストラを支える

オーケストラ曲のいちばん低い音が出せる楽器です。高さはおよそ1m、重さは8〜10kg*にもなります。

低音というと、重くにぶい音を想像するかもしれませんが、音色はやわらかく、丸みがあり、音楽の場面によって明るくも暗くも響きます。テューバが旋律をふいているとき、よく聴くと、歌うように奏でられていることがわかるでしょう。

楽器によって、ベルが奏者の顔の右側にくるタイプと、左側にくるタイプがあります。

＊B管の場合。音域の低い方から、B、C、Es、F管がある。

大塚哲也さんにインタビュー！

Q. テューバを始めたのはいつですか？
A. 小学校の吹奏楽部で始めました。体が大きかったので、先生に大きなテューバが向いていると思われたみたいです。

Q. 練習はどのくらいしていますか？
A. 平均すると毎日2時間ほど練習しています。テューバは音も大きいですが、低音域の振動も大きいので、いつも家以外の場所で練習しています。

Q. 楽器について教えてください。
A. 大きい楽器なので息を通すのが大変ですが、息つぎのタイミングを考えるなど、工夫しています。女性の奏者もたくさんいますよ。

Q. 本番中に考えていることはなんですか？
A. 全ての音が自分の理想とする音色になるように、そして、オーケストラでの自分の音の役割を考えています。

テューバの仕組み

オーケストラの楽器と演奏者

ベル 直径は約36〜50cmほど。

真ちゅう（銅と亜鉛の合金）や、洋白（銅、亜鉛、ニッケルの合金）でできている。

マウスピース
マウスピースだけでも、ずっしり重い。直径（内径）は約3.3cm。

レバー
右手の指でおす。レバーをおすと、音の高さが変わる。

※レバーで操作するロータリー・バルブ式と、ピストンを操作するピストン・バルブ式がある。左ページの楽器はピストン・バルブ式。

抜差管

これは「チンバッソ」。トロンボーンのなかまだが、テューバ奏者がふく低音楽器。イタリアのオペラ（歌劇）で使われる。

バルブ
レバーをおすと、このバルブの中で息の通り道が変わり、抜差管に息が通るようになる。その分、音の高さが下がる。

🎼 テューバが活やくする名曲

- ♪ ワーグナー：楽劇「ニュルンベルクのマイスタージンガー」より第1幕への前奏曲　後半の旋律
- ♪ ヴォーン・ウィリアムズ：テューバ協奏曲
- ♪ ヴェルディ：歌劇「運命の力」、歌劇「ナブッコ」（チンバッソ）

❓ バスと同じくらい長い？

テューバの管は、ぐるぐると巻いています。もし、のばしたら約5.5mになりますが、それはレバーをおしていないときのこと。レバーをおすとさらに管が長くなり、いちばん長いときにのばすと、なんと10m近く。バスの車体と同じくらいです。そんな長い管に息を通すのは、大変ですね。

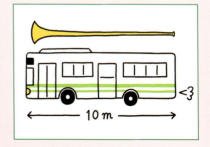

打楽器

ティンパニ

Timpani [Timp.]

「第2の指揮者」とよばれるリズムの要

　太鼓のなかまとしてはめずらしく、1台ごとに音程があり、ペダルを使って音を変えることができます。大きなティンパニは低い音、小さめのティンパニは高い音です。

　ひとたび音を出すと、とてもよく響くので、オーケストラ全体がティンパニの音に左右されます。そのため、ティンパニ奏者は「第2の指揮者」ともよばれます。

首席奏者　塩田拓郎さん

まん中ではなく、手前のふちの近くをたたくと、よい音がする。

塩田拓郎さんにインタビュー！

Q. 楽器を始めたきっかけは？
A. 小学5年生のときにブラスバンドのドラムスを見て、打楽器が好きになりました。ティンパニを好きになったのは、音楽大学に入学して、オーケストラで担当してからです。

Q. 練習はどのくらいしていますか？
A. ティンパニは楽器も音量も大きいので、家では練習できません。楽団の練習場などで、休日でも3時間ほど練習します。

Q. 演奏会での失敗はありますか？
A. 皮が破けた、マレット（ばち）が飛んでいった、など数限りなくあります……。

Q. オペラについてどう考えていますか？
A. オペラでは、ティンパニなどの打楽器が物語の中で特別な感情を表していたり、具体的な意味をもっていたりします。そこに、とても魅力を感じています。

ティンパニの仕組み

「アメリカ式」の並び方

奏者から見て、右へいくほど高い音になる並び方。奏者によって、左がいちばん高くなる「ドイツ式」にすることもある。

低い音（大きいティンパニ） ← → 高い音（小さいティンパニ）

オーケストラの楽器と演奏者

ヘッド（皮）

子牛の皮やプラスチック製。張り具合によって、音の高さを変えられる。直径は、大きいもので約81cmなど。

ペダル

ヘッド（皮）の張り具合を変えるためのペダル。曲の最中でも、足でふんで、すばやく変えられる。

ケトル（胴）

銅板でできていて、中は空どう。ヘッドのふるえがケトルを伝わって、響きの豊かな音が出る。

チューニングボルト

ペダルをふみこんだときの状態。周りのチューニングボルト全部に、等しく力が加わる。

つま先側をふみこむと、ヘッドがぴんと張る（音が高くなる）。

かかと側にふみこむと、ゆるむ（音が下がる）。

🎼 ティンパニが活やくする名曲

♪ リヒャルト・シュトラウス：交響詩「ツァラトゥストラはかく語りき」冒頭

♪ ベートーヴェン：交響曲第9番「合唱付き」第2楽章の独奏ほか

♪ ヤナーチェク：「シンフォニエッタ」第1楽章

❓ マレットにも種類がある？

ティンパニ奏者は、何組ものマレット（ばち）を用意しています。マレットの素材やつくりによって、音が変わるからです。柄の素材は木や竹、先たんはフェルトや布、木などがあり、つくりもさまざま。曲のイメージや、その日の会場の響き具合を考えて、選びます。

まん中のひと組ではかたい音、両はしのものでは、やわらかい音になる。

打楽器

パーカッション

Percussion [Perc.]

古谷はるみさん

オーケストラの音に色とりどりの変化を

主に「たたくことで音が出る楽器」*を広くあつかうのが、パーカッション奏者です。あつかう楽器は何十種類にも上ります。ドレミといった音階をもたない楽器も多く、リズムを打ったり、効果音として使われたりします。また、音階の出る楽器としては、木琴や鉄琴のなかまなどをあつかいます。

管楽器や弦楽器の合奏に、色とりどりの変化をつけて音楽を盛り上げるパーカッション。演奏のようすを見るのも楽しいものです。

*マラカス、ギロなど、たたかない楽器も一部、ふくまれる。

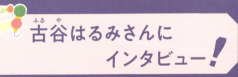

古谷はるみさんにインタビュー!

Q. 楽器を始めたきっかけは?
A. 小学生のときに鼓笛隊に入って、たまたま打楽器を担当したのが始まりです。

Q. 楽器について教えてください。
A. 演奏会で使う打楽器は、全て楽団所有のものです。小さな楽器であっても、自分で持ち運ぶことはしません。ただし、「ばち」だけは自分のものを使います。

Q. 練習はどのようにしていますか?
A. 家では、スネアドラムで打楽器の基本的な練習をして、マリンバ(木琴の一種)で鍵盤打楽器の練習をしています。

Q. 本番中に考えていることはなんですか?
A. 打楽器は、他の楽器よりも演奏する時間が短いことが多いです。待っている間は、他の楽器の音色や音楽の流れを聴いて、その流れにうまく乗ることを考えています。

さまざまなパーカッション

オーケストラの楽器と演奏者

タムタム（銅鑼）

マレットでたたき、ぐわーんと響く音を出す。青銅製や鉄製で、直径60〜100cmほど。アジア生まれの楽器。

シンバル

2枚を打ち合わせて大きな金属音を出す。つり下げた1枚をたたいたり、こすったりすることもある。

スネアドラム（小太鼓）

木のスティック（ばち）などでたたき、よく響く高めの音でリズムをきざむ。直径36cmほど。裏側にスネア（響き線）がある。

スネア。これで音を響かせる。響かせない演奏法もある。

カスタネット

手でたたくタイプと、棒の先に付けてふるタイプがある。黒檀、ローズウッドなどの木製。

バスドラム（大太鼓）

マレットでたたき、低く大きな音でリズムをきざむ。直径は60〜100cmほど、厚みは35〜65cmほど。

🎼 パーカッションが活やくする名曲

- ♪ヨハン・シュトラウス2世：「雷鳴と稲妻」
  雷鳴の表現（バスドラム）、稲妻の表現（シンバル）
- ♪ホルスト：組曲「惑星」より「火星」（タムタム）
- ♪ハチャトゥリヤン：バレエ音楽「ガイーヌ」より
  「レズギンカ舞曲」（スネアドラム）
- ♪ファリャ：バレエ音楽「三角帽子」（カスタネット）
- ♪ドビュッシー：交響詩「海」（グロッケンシュピール）

グロッケンシュピール

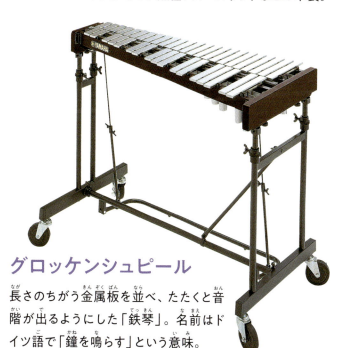

長さのちがう金属板を並べ、たたくと音階が出るようにした「鉄琴」。名前はドイツ語で「鐘を鳴らす」という意味。

その他の楽器

ハープ

Harp [Hp.]

天国のような優雅な調べ

神話の世界を思わせる、美しい形の木のわくに、47本の弦が張られた楽器です。わくには、ギリシャ神殿のように彫刻がほどこされていることもあります。

演奏者はいすにすわり、両手の親指から薬指を使って弦をはじきます。優雅で透明感のあるその音は、「天国のよう」といわれることもあります。分散和音＊やグリッサンド（→右ページ）といった演奏法が得意です。

＊和音を一度にひかず、1音ずつひく方法。ドミソの和音をド・ミ・ソ・ドと演奏するなど。

宮原真弓さん

弦の色が、音の目印になっている。赤い弦はド、青はファ。その他は色が付いていない。

宮原真弓さんにインタビュー！

Q. ハープを始めたきっかけは？
A. 両親が声楽家で、音楽がとても身近な存在だったため、3歳のときからピアノを習っていました。中学生のときに、父が出演するオペラの舞台げいこを見学に行ったときにハープを見て、興味をもったのがきっかけです。

Q. 楽器について教えてください。

A. 温度と湿度の変化に弱いので、いつも気をつけています。雨の日は、楽団の練習場には、かさを持ちこまないようにしてもらっています。ぬれたかさ1本でも、湿度が上がって、楽器の状態が変わるんですよ。

Q. ふだんの生活で気をつけていることは？
A. ハープは両手両足を使うので、けがには注意しています。特に指には気をつけていて、家中にゴム手ぶくろを置いています。

ハープの仕組み

全長は約180cm、重さは約40kg。指で弦をはじいて音を出す＊。

＊弓で弦をこすってひく楽器を「擦弦楽器」ということがある。それに対して、ハープは「撥弦楽器」とよばれる。

弦
金属やナイロン、羊の腸でできている。47本あり、6オクターブの音が出せる。長い弦のほうが低い音、短い弦ほど高い音が出る。

支柱
中は空どうで、ペダルの動きを伝える金属の棒が入っている。

ディスク
上のわくに並ぶ、小さな円ばん。ペダルの動きが伝わって、ディスクが回転すると、弦の張り具合が変わる。

高音から低音へ、またその逆へと指をすべらせる「グリッサンド」は、ハープらしい華麗な演奏法だ。

響板
松（スプルース）の木でできた、うすい板。中は空どう。

ペダル
弦をふつうにはじくと、♭のついた音が出る。ペダルをふむと、♮や♯の音に変わる。

オーケストラの楽器と演奏者

左は支柱の側から、右は奏者の側から見たところ。どこから見ても見ごたえがある。

🎼 ハープが活やくする名曲
♪ ビゼー：歌劇「カルメン」第3幕への間奏曲
♪ チャイコフスキー：バレエ音楽「くるみ割り人形」より「花のワルツ」冒頭

左足で操作　レ ド シ ♭ ♮ ♯　ミ ファ ソ ラ　右足で操作

いちばん古くからある楽器？

ハープは、人類最古の楽器のひとつといわれています。ギリシャ神話には、ハープの親せきにあたる小さな竪琴をひき、黄泉の国の神を感動させる、オルフェウスという音楽家の話が出てきます。また、紀元前3000年ごろの古代エジプトの遺跡にも、ハープのような楽器をひく人の彫刻があります。

その他の楽器

鍵盤楽器

Keyboard instruments

提供：サントリーホール

コンソール（演奏台）

パイプ。1本1本が笛のような仕組みで音を出す。

パイプオルガン

荘厳な響きをもつ楽器です。鍵盤をひくと、金属や木のパイプに空気が送られて音が出ます。1本のパイプは1つの音色・1つの高さの音しか出さないので、多くのパイプが使われます。

コンソールを拡大したところ

提供：サントリーホール

ストップという装置。さまざまな音色のパイプの組み合わせをつくるために、どの音色を使うかを、ノブを引いて指定する。

足鍵盤。両足でひく。

音量を調節するペダル。

手鍵盤。鍵盤数と段数はさまざま。

はばは1mほど。5オクターブ前後の音が出せる。

チェレスタ

グロッケンシュピール（→p.41）から進化した楽器です。鍵盤をひくと、楽器の中でハンマーが金属板をたたき、きらきらした音が出ます。その音は、天使や星のイメージともいわれます。

🎼 **パイプオルガン、チェレスタが活やくする名曲**

♪ サン・サーンス：交響曲第3番「オルガン付き」（パイプオルガン）
♪ チャイコフスキー：バレエ音楽「くるみ割り人形」より「金平糖の踊り」（チェレスタ）
♪ ホルスト：組曲「惑星」より「金星」「海王星」ほか（チェレスタ）

オーケストラの楽器と演奏者

ピアノ（グランドピアノ）

鍵盤をひくと、楽器の中でハンマーが弦をたたき、音が出ます。弦のふるえは「響板」という板に伝わり、弱い音も、強い音も、よく響きます。
数多くあるピアノ協奏曲（→p.62）では、オーケストラを率いて主役となります。

鍵盤はふつう88鍵あり、7オクターブ以上の音が出せる。それより低い音や高い音は、人間の耳には音階として聞き分けにくい。

この中に多くの弦が、強い力で張られている。

グランドピアノの場合、奥行きは1.5～2.8mほど、重さは250～500kgほど。

♪ ピアノが活やくする名曲
- ♪ベートーヴェン：ピアノ協奏曲第5番「皇帝」
- ♪ラフマニノフ：ピアノ協奏曲第2番
- ♪ガーシュウィン：「ラプソディ・イン・ブルー」

❗ バッハやモーツァルトの時代の楽器

バッハ（1685～1750年）やモーツァルト（1756～1791年）の時代は、まだ鍵盤楽器は今のように多くの鍵盤をもたず、トランペットやホルンも、バルブのない簡単なものでした。
現代では、彼らの曲を現代の楽器で演奏することがふつうです。しかし、当時の楽器を復元して演奏する「古楽器オーケストラ」や「古楽器アンサンブル」もあり、日本でも演奏会がよく開かれるようになりました。

17～18世紀の楽器
（復元楽器ではなく、当時のもの。全て浜松市楽器博物館 所蔵）

ナチュラル・トランペット
バルブがなく、口の形と息の出し方だけで音を変える。全長約72cm。

ヴィオラ・ダ・ガンバ
全長約1.2m、弦は6～7本。チェロのように両あしではさんで、弓でひく。

アルト・リコーダー
管・弦楽器との合奏に使ったたて笛。全長約50cm。

チェンバロ（ハープシコード）
ピアノが発達するまで主流だった鍵盤楽器。奥行き約2.3m。

オーケストラの仕事

指揮者

指揮者は、オーケストラに自分の目指す音楽を伝え、演奏をまとめあげるのが仕事です。「マエストロ」ともよばれます。

チョン・ミョンフン指揮（東京フィルハーモニー交響楽団名誉音楽監督）

楽譜を読む

指揮者の仕事の7～8割は、楽譜を読むことについやされます。作曲家の思いがつまっている楽譜を読み解くには、音符はもちろん、作曲家についてや、曲がつくられた時代背景、使われる楽器など、たくさんのことを知らなくてはなりません。曲を完全に理解してから、演奏者にどのように演奏してほしいかをまとめて、リハーサルにのぞみます。

指揮者用の楽譜（総譜、スコア）

フルート — Flauto I.
　　　　　Flauto II.
　　　　　(Fl. piccolo)
オーボエ — Oboi I. II.
クラリネット — Clarinetti I. II. A
ファゴット — Fagotti I. II.
ホルン — I. II. E
　　　　　Corni
　　　　　III. IV. C
トランペット — Trombe I. II. E
トロンボーン — I. II.
　　　　　　Tromboni
　　　　　　III.
ティンパニ — Timpani A, E, H
第1ヴァイオリン — I.
　　　　　　　Violini
第2ヴァイオリン — II.
ヴィオラ — Viole
チェロ — Violoncelli
コントラバス — Contrabassi

※ドヴォルザーク：交響曲第9番「新世界より」第1楽章の楽譜

第1ヴァイオリン奏者の楽譜

指揮者用の楽譜には、全ての楽器のパートがのっていて、奏者の楽譜には、その楽器のパートのみがのっている。

思いえがく音楽を伝える

指揮者は自分の考えをまとめて、リハーサルにのぞみます。リハーサルは全員そろった練習のことで、本番前の数日間の限られた時間の中で、指揮者は演奏者に自分の考えを伝えなくてはなりません。じっくり話して伝えることもあれば、身ぶり手ぶり、表情などで伝えることもあります。また、指揮には「指揮法」という決まった動きがあり、演奏の速さや音を出すタイミングなどをこの動きで演奏者に伝えます。

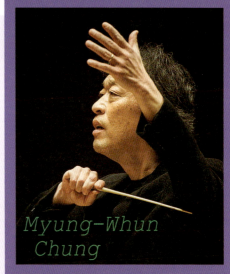

Myung-Whun Chung

チョン・ミョンフン
（東京フィルハーモニー交響楽団 名誉音楽監督）
世界的な指揮者でフランス、ドイツ、イタリアなどのオーケストラで首席指揮者として活やく。ピアニストとしても公演を行う。本番では、楽譜を完ぺきに暗譜してタクトをふる。

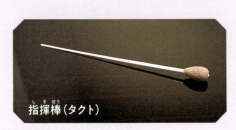

指揮棒（タクト）

指揮棒は折れやすいので、定期的にかえる。持ち手はコルク、棒の部分はグラスファイバー（強化プラスチック）でできているものが多い。

指揮者とオーケストラ

指揮者と演奏者は何語でやりとりするの？

指揮者が外国人である場合は、英語が基本です。最近は、外国人の演奏者も増えているので、日本人の指揮者であっても、英語でやりとりすることもあります。

指揮者が変わると、音楽は変わるの？

楽譜が同じであっても、指揮者の考えはさまざまです。同じ材料を使って同じレシピでつくっても、プロの料理人がつくると全くちがう料理になるのと同じです。いろいろな指揮者、演奏者、楽団の音楽を聴きくらべてみましょう。

指揮者になるにはどうしたらいい？

音楽大学などで指揮法を学び、いろいろなオーケストラで経験を積んでいくのが一般的です。あとは、楽器を1つでもマスターしておきましょう。楽器を知ることは、楽譜を理解するとともに、演奏者を知ることでもあり、指揮者にとってはとても大切な知識になります。指揮者には、ピアノなどの演奏者でもある人が多くいます。

公演は、指揮者で選ぶか、楽団で選ぶか、曲で選ぶか…なやむなあ！

オーケストラの仕事

東京フィルハーモニー交響楽団首席指揮者
アンドレア・バッティストーニさんに聞く
指揮者の仕事

アンドレア・バッティストーニ
1987年、イタリアのヴェローナ生まれ。世界が注目する若手指揮者のひとり。イタリアの音楽院でチェロを学び、のちに指揮者へ転向。史上最年少でミラノのスカラ座でデビューするなど、世界中の有名なオーケストラと共演を重ねている。2016年から、東京フィルハーモニー交響楽団首席指揮者を務める。

Q. 指揮者になったきっかけはなんですか?
A. 小さなころからチェロを学んでいましたが、たまたま学校のオーケストラに参加することになり、楽器が集まってひとつの音楽をつくるオーケストラに夢中になりました。自分の音楽についての考えやアイデアを演奏する人たちに伝えていきたいと思い、指揮者を目指すようになりました。

Q. 指揮者にとって、大切なこととは?
A. 美術を鑑賞するなど感性をみがくことと、一緒に仕事をする人に対して、感謝の気持ちを忘れないことですね。加えて、演奏する国や楽団の特性を尊重しつつ、自分の考えをはっきりと伝えることです。

Q. 指揮者用の楽譜を読むときは、音が聴こえているのですか?
A. 説明するのは難しいのですが、頭の中でさまざまな音が混じり合っています。リハーサルでは、頭の中の音と実際の音のちがいをぬき出して、調整していきます。

Q. 指揮者の仕事の楽しいこと、大変なことは?
A. 演奏会がうまくいったときは、とても幸せな気持ちになります。大変なことは、楽器を理解することです。どのような演奏技術が必要で、どのような可能性をもつ楽器かを知ることは、指揮する上でとても大切なことです。

〈バッティストーニさんからみなさんへのメッセージ〉

「オーケストラはすばらしい旅」
アンドレア・バッティストーニ

L'Orchestra è un viaggio meraviglioso!

「スケールの大きなオーケストラの音楽は、知らない感情の世界を、次から次へと開けてくれますよ。まるで、旅をするように。楽しんでくださいね!」

コラム
演奏会の楽しみ方

演奏会は、なにも知らずに聴きに行っても楽しめます。その日、そのときの音楽を自由に楽しみましょう。でも、演奏会の前から準備をしておくと、当日、音楽がぐんと身近に感じられます。

1 演奏曲を知る

聴きに行く演奏会の曲目と作曲家の人生について、調べてみよう。だれが、いつ、どのような気持ちでつくった曲かわかると、曲を聴くときの気持ちが変わってくる。

チラシは情報の山。チラシを見ると、演奏する曲目がのっている。指揮者や演奏家についても調べてみよう。

2 同じ曲の1つの録音を聴きこむ

同じ曲でも指揮者やオーケストラ、演奏者によって、曲の印象は変わる。1つ選んで聴きこんでおくと、当日の演奏のわずかなちがいにも気がつくようになる。

動画だと、楽器のことがよくわかる。

3 会場でプログラムを読む

会場では、曲や指揮者、演奏者や楽器について、くわしい解説がのっているプログラムがもらえたり、販売していたりする。曲の「聴くポイント」が書いてあることもあるので、早めに行って、読んでおこう。

4 自由に楽しむ

自由に音楽を楽しもう。演奏会の後、家族や友だちと感想を語り合うのも、とても楽しい時間になる。

楽しかったね！指揮者がかっこよかった！

初めて聴いたけど、小さい横ぶえの音がかわいかったな！

オーケストラの仕事
コンサートマスター

第1ヴァイオリン（→p.60）の首席奏者を「コンサートマスター」といいます。オーケストラをまとめあげるリーダーで、さまざまな仕事があります。曲の中でヴァイオリンのソロ（1人で演奏する部分）があるときは、コンサートマスターが担当します。

他の楽器奏者からも動きが見えやすいように、高めのいすにすわる。

指揮者からいちばん近い左側にいる。

オーケストラをまとめる

コンサートマスターは、指揮者の考えをだれよりも理解して、他の演奏者に伝える橋わたし役です。演奏者は、コンサートマスターの動きを見て演奏することもあります。指揮者からも他の演奏者からも、たよりにされる存在です。

リハーサルのときに、指揮者と細かい部分まで確認し合う。直接やりとりができるのは、本番前の数日間ほどのリハーサル期間だけだ。

同じ弦楽器のなかまと打ち合わせをする。

指揮者のわずかな動きや表情の変化も見のがさない。

演奏会をまとめる

チューニング（→p.10）をリードするところから始まり、演奏中も指揮者とオーケストラ全体に気を配ります。演奏会の最初と最後には、オーケストラを代表して、指揮者と握手します。

コンサートマスターの仕事は、指揮者とオーケストラをつなぐ大切な仕事だ。

弦楽器をまとめる

弦楽器は、オーケストラの中で最もたくさんの人数がいますが、演奏中は「ボウイング」とよばれる弓の上げ下げが全員そろっています。コンサートマスターが事前に決めて、他の人は楽譜に記号を書きこんでおくので、きれいにそろうのです。

きれいにそろったボウイング。

弦が切れたら、リレーする！

本番中に弦が切れてしまったときは、楽団にもよるが、楽器を交換する順番が決まっている。たとえば、コンサートマスターの弦が切れたら、となりの人のヴァイオリンと交換する。その人は、後ろの人と交換して……と、客席から見えにくいところで交換していき、いちばん後ろにいる人は、切れた弦のヴァイオリンを持って舞台から去る。

コンサートマスターの楽屋拝見！

ホールや公演にもよるが、指揮者とコンサートマスターには、本番当日は特別な個室（楽屋）が用意される。集中して、本番に向けた準備をする。

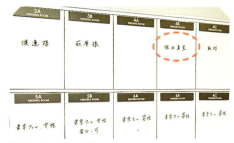

楽屋の割り当て表

本番前の楽屋で楽譜を見直す、コンサートマスターの依田真宣さん。

オーケストラを支える仕事

オーケストラがすばらしい演奏をたくさんの人に届けるまでには、楽団の「えんの下の力持ち」が、活やくしています。演奏者以外の楽団の仕事を見てみましょう。

♩ 企画・制作

何年も先を見すえて公演をつくる

定期演奏会（→p.56）などのコンサートをつくりながら、数年先まで新しい公演を考えていく仕事です。魅力ある公演をつくるには、オリンピックや祝日の変更などの社会情勢のチェックや、世界中から新しい才能を発掘することが欠かせません。また、ホールの予約や公演に関わるお金の管理も考えながら公演をつくります。

岩崎井織さん（企画・制作）

「中学生のときから吹奏楽部でトランペットをふいていて、ずっと音楽が好きでした。大学生のときに、楽器を運ぶアルバイトを始めたのがきっかけで、プロの楽団で働くようになりました。東京フィルは、公演の種類がはば広いので、そこで出会う人たちと新しい仕事が展開していくこともあります。好奇心が強くて、時代をキャッチする能力がある人が向いている仕事です。今は、来年の公演を具体的に動かしていて、3年後の予定をつくっているところです。」

♩ 広報

楽団の活動を広く知ってもらう

広報は、楽団の活動を社会に知らせるための仕事です。記者やメディアへ公演情報を知らせる、インターネットでの情報発信、写真の貸出、取材対応、記者会見の手配、楽団の公演情報をまとめた冊子も編集します。定期公演では受付にも立ち、楽団を支えるお客様をおむかえします。外に向けての仕事ですが、楽団内の他の部署とのやりとりもとても多い仕事です。

演奏会はお客様の顔が見える、貴重な機会だ。

伊藤唯さん（広報）

「吹奏楽部やアマチュアのオーケストラでテューバをふいていて、音楽に関わる仕事がしたいと思っていました。もともと音楽は好きですが、それ以上に音楽に関わる人が好きです。思いがけないことにもすぐに対応しなければならないので、きものすわった対応力が必要ですね。」

♪ ライブラリアン

楽譜に関わる全てを担当

　ライブラリアンの仕事は、どの楽譜を使うか指揮者に確認するところから始まります。楽譜は、出版社や出版されたときの「版」によって内容が変わるからです。指揮者の楽譜が決まったら、次に全ての楽器の楽譜を用意します。楽譜はとてもまちがいが多いものなので、しっかりと確認、修正をしてから、指揮者と演奏者に手わたします。

武田基樹さん（ライブラリアン）
「昔からピアノとチェロと作曲をやっています。高校生のころは、楽譜の後ろに英語で細かく書かれている注意書きを読むのが趣味で、自然とライブラリアンを目指すようになりました。英語、フランス語、ドイツ語、イタリア語は仕事で必要なので、マスターしています。日本にはライブラリアンが50人ほどしかおらず、ほぼ全員知り合いです。ちなみに、今日はスーツですが、いつもは古い資料などをさわり、服がよごれるので、エプロン姿で仕事をしています。」

楽譜は公演が終わったら回収して、大切に保管する。東京フィルは、オペラや新しい音楽の公演も多いので、あつかう楽譜ははば広い。

♪ ステージマネージャー

舞台に関わる全てを担当

　公演が決まったら、オーケストラの編成を企画・制作のスタッフやライブラリアンを通して、指揮者と決めていきます。楽器や譜面台の位置を決めて舞台配置図を作成しますが、それには音楽と楽器の深い知識はもちろん、指揮者や奏者ごとの好みなどを知っておくことが必要です。他には、リハーサルや本番の舞台の進行管理も担当します。本番当日は、舞台のスタッフに指示を出し、舞台をつくります。

大田淳志さん（ステージマネージャー）
「大学生のときに、アマチュアのオーケストラでホルンをふいていました。そこからアルバイトでステージスタッフのような仕事をするようになり、東京フィルに入団しました。体力と、指揮者と直接やりとりすることもあるので英語力は必要です。オーケストラの現場に常にいられて、演奏者の演奏する喜びをすぐ近くで感じることができるのが、私の大きな喜びになっています。」

本番はもちろん、リハーサル中もモニターの画面で舞台のようすを確認する。舞台のそばからは、決してはなれない。ふだんはラフな服装で仕事をしているが、本番当日は開場前には正装に着がえる。

オーケストラの歴史

弦楽器、管楽器、打楽器で構成される今のオーケストラの編成は、18世紀後半のヨーロッパで成立しました。

始まりは古代ギリシャ

古代ギリシャでは、舞台と客席の間に歌手や楽器奏者のための半円形の場所があり、そこを「オルケストラ」とよんでいました。今のように、場所ではなく、楽器奏者の集団を「オーケストラ」とよぶようになったのは、16世紀の終わりごろからです。

古代ギリシャの舞台
客席
舞台
オルケストラ…歌手が歌を歌ったり、演奏者が劇の伴奏をしたりするところ。

貴族のために演奏する音楽家。

貴族のための音楽

17世紀ごろのヨーロッパでは、王家や貴族が自分たちだけの音楽家をやとって、作曲をたのんでは音楽を楽しんでいました。このころのオーケストラは、弦楽器が中心でした。また、イタリアではオペラ（歌劇）が生まれ、オーケストラはその伴奏の役割もになうようになっていきます。

貴族から市民へ

18世紀後半になると、オーケストラの音楽は市民にも広まっていきます。ヨーロッパの都市では音楽会がさかんに開かれるようになり、作曲家は自由に音楽をつくるようになりました。今「クラシック」とよばれる音楽は、これ以降につくられた曲がとても多いです。このころに、今のオーケストラの弦楽器、管楽器、打楽器の編成が整いました。

編成の拡大

19世紀は、楽器がどんどん改良されて、演奏技術が発展していった時代です。作曲家たちは、新しい楽器をふんだんに取り入れた、スケールの大きな曲を次つぎに作曲していきました。

1872年、ベートーヴェンの「第九」を指揮するワーグナー。

もっと知りたいオーケストラ

日本のオーケストラの始まり

日本のオーケストラは、学生オーケストラや百貨店の宣伝のためにつくられた音楽隊から発展していきました。プロのオーケストラで最も長い歴史をもつのは東京フィルハーモニー交響楽団で、1911年、名古屋のいとう呉服店（今の松坂屋）にできた音楽隊から始まりました。

いとう呉服店の少年音楽隊

現在の日本のオーケストラ

日本には、プロのオーケストラは36団体*あります。アマチュアのオーケストラは、学校や会社など、全国にたくさんあります。

チョン・ミョンフン／指揮　東京フィルハーモニー交響楽団／演奏

東京フィルハーモニー交響楽団 楽団長
石丸恭一さん
ティンパニ奏者を経て、楽団の運営にたずさわる。「現代は時代の変化がとても速いので、若いみなさんにどのようにオーケストラの音楽を楽しんでもらえばいいか、いつも考えています。」

*日本オーケストラ連盟2017年統計資料より

身近な吹奏楽とブラスバンド

「吹奏楽」は、管楽器（木管楽器、金管楽器）に打楽器を加えた形態の音楽。「ブラスバンド」は本来は、吹奏楽から木管楽器を外した形態の楽団のことを指すが、日本では吹奏楽とほぼ同じ意味でも使われている。学校の吹奏楽部で楽器を始めて、プロのオーケストラ奏者になった人もたくさんいる。

マーチングバンド

スポーツの応援や祭りのパレードなどでおなじみ。ブラスバンドに近い楽器の編成で、歩きながら楽器を演奏する。

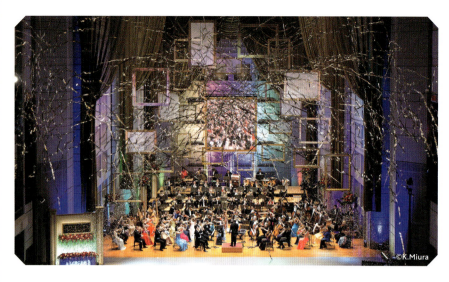

東急ジルベスターコンサートで、新しい年の干支のかぶりものをかぶる演奏者たち。

ジルベスターコンサート

ジルベスターコンサートは、大晦日から新年にかけて行われるコンサートのことをいいます。いつもとちがって、はなやかな衣装に身をつつみ、新年を祝って演奏します。

オーケストラの1年

オーケストラの1年は、ジルベスターコンサートやニューイヤーコンサートで幕を開けます。その後は、楽団によってさまざまですが、「定期演奏会」や依頼されて行うコンサート、子どものための音楽活動などが続きます。年間の演奏会の回数が300回をこえる、東京フィルハーモニー交響楽団の1年を見てみましょう。

定期演奏会

楽団が企画して、ほぼ毎月開くコンサート。

オペラやバレエの演奏

オペラやバレエの公演の演奏をするときは、客席と舞台の間にある「オーケストラピット」とよばれるところで演奏します。

オーケストラピット…客席からは見えないように、低く下がっている。指揮者は、オーケストラと舞台上の出演者両方に指示を出す。

新国立劇場オペラ「トスカ」より

第九演奏会

年末になると、「第九」の演奏会が増えます。「第九」とは、ベートーヴェンの「交響曲第9番」のことで、第4楽章の合唱が「歓喜の歌」とよばれる部分です。詞はドイツのシラーという詩人がつくりました。年末に演奏されるのは、第一次世界大戦後の1918年、ドイツで平和を願って演奏したのが始まりといわれています。日本で初めて「第九」が演奏されたのも1918年で、徳島県のドイツ人兵収容所でした。

季節を感じさせる曲

「第九」の他にも、クリスマスが近づいてくるころから、チャイコフスキーの「くるみ割り人形」（バレエ）、ヨハン・シュトラウス2世の「こうもり」（オペレッタ）の公演が増えてくる。それらの音楽も年末の風物詩になっている。

子どものための音楽活動

小学校や中学校へ行き、ワークショップ（体験学習）をしながら、本物の音楽とふれあう機会をつくります。

東北の子どものための 東北ユースオーケストラ

音楽家の坂本龍一さんが東日本大震災後につくったオーケストラ「東北ユースオーケストラ（以下、東北ユース）」は、被災した三県（岩手県、宮城県、福島県）を中心とした小学生から大学生で構成されている。演奏するだけではなく、すぐれた音楽家の指導を受け、さまざまな人と出会って成長していく大切な場になっている。東北ユースの活動に賛同して、東京フィルはサポートを続けている。

子どもの指揮に合わせて、東京フィルの奏者が演奏を変えていく。子どもたちに人気のワークショップのひとつ（南三陸町立戸倉小学校）。
※文化庁「文化芸術による子供の育成事業」より

東京フィルの第2ヴァイオリン首席奏者の宮川正雪さん（右）と東北ユースのコンサートマスター（左）。宮川さんは、東北ユースの演奏会ではサポートメンバーとして一緒に舞台に上がる。

もっと知りたいオーケストラ

オーケストラへのアプローチ

もっと、オーケストラに近づきたい！そのためには、どうしたらよいでしょうか。

たくさんの演奏者が奏でる音で、ひとつの音楽をつくる。

Q. プロのオーケストラに入るには？

A. 演奏者として入るには、一般的に、大学で音楽を専門的に学びながら、技術をみがき、国内外の楽団のオーディションを受けます。ただし、欠員が出ないと募集は出ません。オーディションに受かったら、「試用期間」といって、楽団と合うかどうかをしばらく確認してから、本採用になります。

Q. オーケストラに向く人はどんな人？

A. 「オーケストラは小さな社会」といわれています。たくさんの人たちが協力し合って音楽をつくるには、協調性は絶対に欠かせません。他には、楽器の演奏技術はもちろん、体力、語学力も必要です。

Q. オーケストラの演奏を聴くには？

A. 楽団やホールのホームページで、演奏会の情報を探してみましょう。他にも、クラシック音楽のテレビ番組を見たり、インターネットで演奏を聴いたりと、いろいろな方法でオーケストラにふれることができます。

オーケストラのリハーサルのようす

チームワークがとても大切。

年齢、性別、国籍もさまざまな人たちで音楽をつくる。

コラム 室内楽ってなに？

室内楽は、楽器が各パート1人ずつで構成された2人〜10人による重奏のことです。楽器の組み合わせはさまざまで、編成によってよび名が変わります。

デュオ(二重奏)

2人の演奏者による重奏。ピアノとヴァイオリンの二重奏、ピアノ2台のピアノ二重奏などがある。

トリオ(三重奏)

3人の演奏者による重奏。ピアノとヴァイオリン、チェロによるピアノ三重奏、リードを使う楽器であるオーボエ、クラリネット、ファゴットによる「トリオ・ダンシュ」などがある。

◆ヴァイオリンとピアノの二重奏

◆ピアノ三重奏

カルテット(四重奏)

4人の演奏者による重奏。第1ヴァイオリン、第2ヴァイオリン、ヴィオラ、チェロの弦楽四重奏は、室内楽で最もよく知られている編成で、曲も多い。

クインテット(五重奏)

5人の演奏者による重奏。木管楽器のフルート、オーボエ、ファゴット、クラリネットに金管楽器のホルンを加えた木管五重奏などがある。

◆弦楽四重奏

◆木管五重奏

代表的な室内楽曲

- ♪ベートーヴェン：ヴァイオリン・ソナタ第5番「春」（ヴァイオリンとピアノの二重奏）
- ♪ベートーヴェン：ピアノ三重奏曲第7番「大公」
- ♪ハイドン：弦楽四重奏曲第77番「皇帝」
- ♪シューベルト：弦楽四重奏曲第14番「死と乙女」
- ♪シューベルト：ピアノ五重奏曲「ます」
- ♪イベール：3つの小品(木管五重奏)
- ♪プーランク：六重奏曲(木管五重奏とピアノ)
- ♪パッヘルベル：カノン(「3つのヴァイオリンと通奏低音のためのカノンとジーグ」第1曲)

オーケストラの配置

オーケストラの楽器の配置は、大きく2つあります。しかし、どちらも舞台手前から、弦楽器、木管楽器、金管楽器、打楽器の順です。音が大きな楽器は舞台の奥、音が小さな楽器は舞台の手前に配置されるのです。

基本的な配置（ドイツ式）

客席から見て舞台の左手（下手）に高音の楽器、右手（上手）に低音の楽器を配置するので、観客はバランスのよい音の響きを楽しむことができます。この本のp.4～5のオーケストラの配置は、この配置です。ヴィオラとチェロを入れかえた配置（アメリカ式）も、よく使われます。

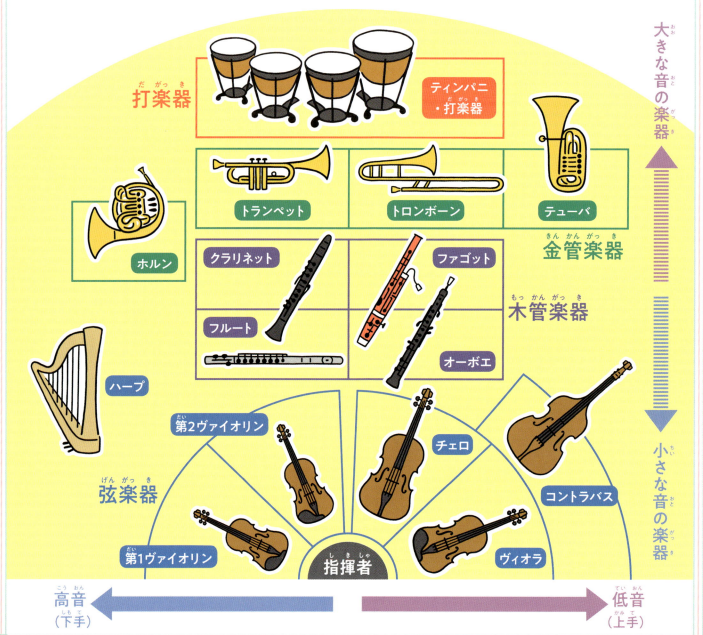

※オーケストラの楽器の配置は、ホールの大きさや形、楽団や指揮者、曲、時代によっても細かく変わる。

対向配置

第1ヴァイオリンと第2ヴァイオリンが、舞台正面で向かい合うように配置され、コントラバスとチェロが舞台の左手（下手）に配置されます。クラシック音楽がつくられた時代に多く使われていた配置なので、作曲家が考えていた当時の音楽に近づくことができます。

オーケストラは何人でできている？

オーケストラの編成はおおまかに、管楽器が2本ずつの「2管編成」と3本ずつの「3管編成」がある。弦楽器は大きな編成だと、第1ヴァイオリン16人、第2ヴァイオリン14人、ヴィオラ12人、チェロ10人、コントラバス8人ほどになる。打楽器は曲によって人数は変わる。全て合わせると、60〜120人くらいで構成される。

もっと知りたいオーケストラ

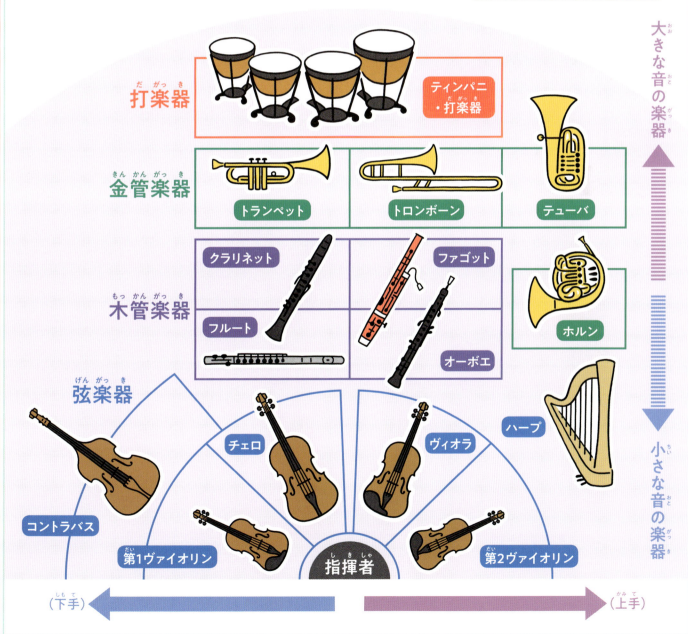

オーケストラの音楽と言葉

オーケストラやクラシック音楽には、さまざまな専門の言葉があります。言葉がわかると、曲の理解が深まります。

管弦楽曲 オーケストラで演奏するための曲。

🎵 交響曲（シンフォニー）

オーケストラのためのソナタ（→p.63）のことで、スケールの大きな曲。多くは4つの楽章からできていて、1つの楽章の演奏時間は、だいたい10～20分ほどになる。

🎵 交響詩

作曲者のメッセージが込められていて、通常は1楽章のみの曲。具体的な曲名が付いていることが多い。

🎵 協奏曲（コンチェルト）

オーケストラとソロ（→p.63）の奏者が演奏する曲。ソロの楽器は、ヴァイオリンやピアノが多い。曲の中でオーケストラの演奏がなく、ソロだけが演奏する部分は「カデンツァ」とよばれ、曲の大きな聴きどころだ。

🎵 舞曲

おどるときの曲の形式でつくられた曲。

🎵 序曲

オペラやバレエなどの曲で、全曲の始めに演奏される曲。

🎵 組曲

いくつかの曲を続けて演奏するように組み合わせて、セットにした曲集。

アンドレア・バッティストーニ／指揮、辻 彩奈／ヴァイオリン
©K.Miura

ソロ奏者は、指揮者のすぐ近くで演奏する。

具体的な曲名と曲に付いた番号

曲名は、楽譜を販売する出版社が、売れ行きをのばすために付けたものも多い。番号は、基本的に同じ種類の曲で何番目につくった曲かを表す。日本では「運命」で知られるベートーヴェンの「交響曲第5番」は、ベートーヴェンが作曲した5番目の交響曲という意味になる。「運命」というよび名の由来は、さまざまな説がある。

曲の言葉

🎵 オペラ（歌劇）
16世紀末ごろにイタリアで生まれた、歌を中心に物語が進行する芝居。または、そのための曲。

🎵 スケルツォ
軽快で速い3拍子の舞曲。

🎵 セレナーデ（夜曲）
もともとは、夕方から夜にかけて、恋人への愛を歌い奏でるときの曲。のちに、気軽に楽しむための合奏曲。

🎵 ソナタ
複数の楽章からなる器楽曲（独奏または合奏）のこと。第1楽章は速いテンポ、第2楽章はゆったり、第3楽章は舞曲、第4楽章は盛大に終わる。

🎵 ソロ
1人による演奏（独奏）や歌唱（独唱）のこと。

🎵 フーガ
数拍から数小節おくれて、後を追うように応答の旋律が続いていく形式の曲。

🎵 変奏曲（バリエーション）
主題をさまざまに変化させていく曲。

🎵 マーチ（行進曲）
行進するときに演奏される曲。もともとは、軍隊が行進するときに、足並みをそろえるためにつくられた。

🎵 メヌエット
ゆったりした3拍子の舞曲。

🎵 ワルツ（円舞曲）
男女がひと組になって、まわりながらおどるための3拍子の曲。

🎵 レクイエム（鎮魂曲）
死者のめいふくを祈るための曲。

公演の言葉

🎵 マチネ
昼に行う公演。

🎵 ソワレ
夜に行う公演。

🎵 ガラコンサート
「ガラ」はフランス語で「祭り」という意味で、曲の主なところだけを演奏したり、豪華なソロ奏者がそろったりした特別なコンサート。

🎵 ジルベスターコンサート
「ジルベスター」はドイツ語で「大晦日」の意味。大晦日の夜から新年にかけて開かれるコンサート。

オーケストラの言葉

🎵 首席奏者
楽器ごとのチームのリーダー。ソロを担当することも多く、演奏をまとめる役割にもなう。

🎵 コンサートマスター
第1ヴァイオリンの首席奏者。オーケストラ全体の、演奏上のリーダー。

🎵 マエストロ
オーケストラでは、偉大な指揮者のことを指す。

♪監修
東京フィルハーモニー交響楽団
1911年創立の日本で最も長い歴史をもつオーケストラ。楽団員は約130人で、公演回数は日本でいちばん多い。オペラなどの劇場オーケストラの機能ももつ。
公式Webサイト http://www.tpo.or.jp/

♪特別協力
野本由紀夫
玉川大学芸術学部教授。東京藝術大学大学院修了後、ドイツ学術交流会（DAAD）奨学金により、ハンブルク大学（博士課程）に留学。NHK「名曲探偵アマデウス」「ららら♪クラシック」などの番組構成の協力の他、音楽解説者として、出演もしている。

♪おもな参考文献
野本由紀夫著『はじめてのオーケストラ・スコア』（音楽之友社）
緒方英子著『カラー図解 楽器のしくみ』（日本実業出版社）
西岡信雄編著『CD付き よくわかる楽器のしくみ』（ナツメ社）
ダイヤグラムグループ編・皆川達夫監修『図解 オーケストラの楽器』（マール社）
柳田益造編『楽器の科学』（サイエンス・アイ新書/SBクリエイティブ）
ヤマハ株式会社公式Webサイト https://www.yamaha.com/ja/
鈴木バイオリン製造株式会社公式Webサイト
http://www.suzukiviolin.co.jp/

♪ブックデザイン　石川愛子
♪写真　上野隆文
　　　　三浦興一（p.56 ジルベスターコンサート、p.62）
　　　　archipelago Inc. 永田章浩
　　　　（p.29 ファゴット、コントラファゴット）
♪協力・写真提供
Bunkamura
東京オペラシティ コンサートホール
サントリーホール
新国立劇場
文京シビックホール
KAJIMOTO
ジャパン・アーツ
浜松市楽器博物館
東北ユースオーケストラ
株式会社 杉藤楽弓社
株式会社 タケダバスーン
株式会社 ビュッフェ・クランポン・ジャパン
鈴木バイオリン製造株式会社
パール楽器製造株式会社
ヤマハ株式会社
♪イラスト　後藤美月（切り絵）
　　　　　　オグロエリ
♪画像　PPS通信社
♪校閲　小学館出版クォリティーセンター
♪制作　木戸礼
♪資材　斉藤陽子
♪宣伝　綾部千恵
♪販売　筆谷利佳子
♪編集　熊谷ユリ
　　　　小学館クリエイティブ
　　　　二宮直子　河津結実　瀧沢裕子

楽しいオーケストラ図鑑

2018年10月10日　初版第1刷発行
2022年11月23日　第3刷発行

監修　東京フィルハーモニー交響楽団
発行人　野村敦司
発行所　株式会社小学館
　　　　〒101-8001 東京都千代田区一ツ橋2-3-1
　　　　編集 03-3230-5449
　　　　販売 03-5281-3555
印刷　図書印刷株式会社
製本所　若林製本工場

©2018 Shogakukan　Printed in Japan
ISBNコード978-4-09-221123-0

・造本には十分注意しておりますが、印刷、製本など製造上の不備がございましたら「制作局コールセンター」（フリーダイヤル 0120-336-340）にご連絡ください。
（電話受付は、土・日・祝休日を除く9:30～17:30）
・本書の無断での複写（コピー）、上演、放送等の二次利用、翻案等は、著作権法上の例外を除き禁じられています。本書の電子データ化などの無断複製は著作権法上の例外を除き禁じられています。
　代行業者等の第三者による本書の電子的複製も認められておりません。